POUVOIR EXÉCUTIF

ET

POUVOIR PARLEMENTAIRE

LETTRE A M. FR. VIETTE, DÉPUTÉ DU DOUBS

Par L. J. GROS

Ancien Administrateur du Territoire de Belfort

PARIS

IMPRIMERIE GÉNÉRALE A. LAHURE

9, RUE DE FLEURUS, 9

1883

POUVOIR EXÉCUTIF

ET

POUVOIR PARLEMENTAIRE

———

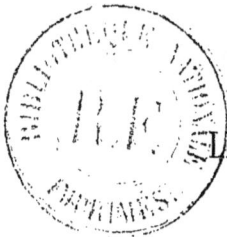

LETTRE A M. FR. VIETTE, DÉPUTÉ DU DOUBS

Par L. J. GROS

ANCIEN ADMINISTRATEUR DU TERRITOIRE DE BELFORT

———

Paris, le 5 mai 1883.

MON CHER AMI,

J'étais Administrateur du Territoire de Belfort lorsqu'à la suite
d'un conflit avec mon Secrétaire général, un décret, en date du
5 avril, m'appela subitement à d'autres fonctions, en même temps
que sans phrases, il remplaçait également mon subordonné.

Si je t'en écris aujourd'hui, ce n'est pas, comme tu le verras, pour
contester à M. le Ministre de l'intérieur, le droit de prendre une
pareille décision. Lorsque deux jours plus tard, en effet, je me pré-
sentai au ministère sur invitation formelle, M. le Directeur du personnel, chef du cabinet, voulut bien me faire connaître d'un mot, que
des « considérations politiques » avaient seules motivé cette décision,
qui dépassait assurément mes conclusions, tant en ce qui me con-
cerne personnellement, qu'en ce qui touche mon Secrétaire général.

J'aurais cru manquer aux égards que m'imposait la hiérarchie, en
demandant d'autres explications sur un sujet aussi délicat. Je réser-

vais bien entendu ma liberté de citoyen, pour rechercher quelles peuvent être ces « considérations politiques ». Aussi bien je dois une explication à ceux qui avaient pensé, tout d'abord, que ma présence à Belfort pourrait consolider la République dans le Territoire, par l'union de l'administration avec la représentation parlementaire. J'entends d'ailleurs récriminer bien moins contre les personnes que contre les systèmes.

II

Remontons, si tu veux, de quelques mois en arrière. Le 28 novembre 1882, j'étais amené à déposer ma démission entre les mains de M. le Ministre de l'intérieur, à la suite de désaveux que des influences parlementaires hostiles à la République m'avaient fait infliger dans différents ministères. Pour ne pas mêler inutilement au présent débat des hommes et des choses qui n'y ont que faire, je ferai passer seulement sous tes yeux la partie de ma lettre de démission qu'il me paraît utile de relever.

. . . .

MONSIEUR LE MINISTRE,

. . . . . La nomination de M. X... constitue donc pour moi un troisième échec que je dois aux mêmes influences, et dont je n'avais nul besoin, car l'administration est si difficile ici, qu'au moment où j'écris, je pourrais citer trois chefs de services qui se dispensent de me répondre, lorsque usant de mon autorité, je leur demande leur avis dans des affaires délicates. — Si j'ajoute à ces échecs successifs *les difficultés intérieures que je rencontre dans ma propre administration*, difficultés dont j'ai pu vous entretenir sommairement, mais dont j'ai parlé plus longuement à M. le Sous-Secrétaire d'État, la situation devient particulièrement intolérable. — Je prends la liberté de joindre à ma lettre de démission, la copie certifiée conforme d'une délibération du Conseil municipal de..., commune dont M. Z... est le maire. Cette délibération est un véritable acte de révolte officielle contre la loi de..... M. le Ministre de..... pourra juger par ce document de l'esprit qui anime les hommes dont l'influence est assez puissante dans ses bureaux pour faire échec à l'autorité des préfets.

Veuillez agréer, Monsieur le Ministre, en même temps que mes regrets pour la détermination que je suis amené à prendre, l'assurance de mon très respectueux dévouement.

J. GROS.

Tu remarqueras dans ce document le passage souligné par moi avec intention, et relatif aux *difficultés que je rencontre dans ma propre administration*. J'aurai à revenir sur cette affirmation. En attendant, voici la réponse qui me fut faite par M. le Ministre de l'intérieur.

Paris, le 1er décembre 1883.

MONSIEUR L'ADMINISTRATEUR,

J'ai reçu la lettre par laquelle vous me faites savoir, qu'à la suite de l'opposition qu'ont rencontrée dans plusieurs ministères des mesures ou des propositions que vous avaient paru nécessiter le bien du service et l'intérêt de la République, vous aviez cru devoir vous démettre de vos fonctions, pour l'accomplissement desquelles, vous ne vous jugiez plus suffisamment assuré du concours de l'administration supérieure.

J'ai l'honneur de vous informer que je ne crois pas devoir approuver la résolution que vous avez prise. Je puis vous affirmer qu'il n'est entré dans la pensée d'aucun de mes collègues, de désavouer votre attitude, ni de paralyser votre action ; et si quelques légères divergences de vue ont pu se produire dans ces derniers temps, entre vous et quelques-uns d'entre eux, je suis tout disposé à vous servir d'intermédiaire pour aplanir, dans la mesure de mon influence, les difficultés que vous pourriez rencontrer.

J'espère que le témoignage officiel de vos bons services et l'assurance de mon concours vous détermineront à revenir sur une démission qui, outre qu'elle priverait l'administration d'un fonctionnaire dévoué, pourrait donner lieu à des interprétations fâcheuses.

Recevez, etc.....

Le Ministre de l'intérieur et des cultes,

Signé : FALLIÈRES.

Crois bien, mon cher ami, qu'en publiant les deux documents qui précèdent, je ne cède pas à un sentiment de vaine gloriole. Mon but est d'établir, d'une part: qu'à cette date du 1er décembre 1882, ma politique avait l'approbation générale du ministère Fallières, et, d'autre part, que depuis longtemps déjà je luttais contre des *difficultés intérieures*. Il reste à voir quelles étaient ces difficultés

III

A Belfort comme dans beaucoup d'autres régions, les républicains, avec l'inexpérience qui caractérise les partis nouvellement triomphants, ont commis la faute de se diviser devant l'ennemi commun. Cette division emprunte un caractère particulier à des circonstances toutes locales. D'un côté, le parti dit *alsacien*, composé des grands industriels, négociants, ouvriers d'usine et simples particuliers, installés à Belfort après l'annexion; d'autre part, les indigènes. Il va sans dire que cette classification n'est pas absolue; elle est exacte seulement dans ses grandes lignes.

Inutile de rechercher les origines de ce conflit. Ce qui est indéniable, c'est qu'aux élections législatives du 21 août 1881, les républicains triomphèrent pour la première fois dans le Territoire, par l'accord exprès ou tacite des Alsaciens et des indigènes. Les premiers votèrent ou laissèrent voter pour le candidat des seconds, avec l'espoir qu'à leur tour ceux-ci éliraient un des leurs, au renouvellement sénatorial de janvier 1882.

Cette politique qui assurait l'unité de la représentation parlementaire dans le Territoire ne fut pas suivie jusqu'au bout. De là des haines et des récriminations. Les Alsaciens reprochent aux indigènes de n'avoir pas tenu parole. Ceux-ci ripostent en disant qu'ils n'avaient pris aucun engagement. Bref, le candidat républicain fut battu aux élections sénatoriales et, lorsque je pris possession de mon siège, je me trouvai en présence de deux influences contradictoires : celle du député républicain, issu des nouvelles couches et disposant d'une armée en proie à la discorde, d'un côté et, de l'autre, l'influence d'un sénateur hostile aux institutions, mais ayant une situation sociale considérable et une capacité financière que je qualifierai de colossale.

Comme autre élément de difficultés tu peux retenir ce détail, qu'avant même mon installation à Belfort, j'étais suspect aux Alsaciens, qui me croyaient inféodé à leurs adversaires. Cette conviction n'était pas sans fondement; en ce sens du moins, que j'avais contre eux des préventions qui remontaient à une époque éloignée déjà, et dont il serait inutile de détailler ici les causes.

IV

Quelle politique convenait-il d'adopter en pareille circonstance?

Éclairé par le double scrutin du 21 août et du 8 janvier, je compris que l'union des groupes pouvait seule assurer le triomphe du parti républicain. Je résolus en conséquence de me tenir sur le terrain strictement administratif vis-à-vis de M. le sénateur Vieillard-Migeon, galant homme du reste, mais terrible jouteur, ainsi que j'eus l'occasion de m'en apercevoir.

Pour le surplus, je formai le projet de tenir la balance égale entre les deux fractions du parti républicain. Cette résolution se justifiait dans ma pensée par une conviction intime née de mes trois premiers mois d'observation à Belfort.

Je m'explique. Je reconnais à M. le député Fréry le droit de juger mon administration avec toute la sévérité qui lui paraîtra nécessaire. Mais je revendique, pour moi-même, la faculté d'apprécier à mon tour ses aptitudes politiques. Intelligence prompte, médecin distingué, homme d'un abord facile, le nouveau député de Belfort manque, suivant moi, des principales qualités qui font l'homme public. Il est à mes yeux l'expression inconsciente d'une situation politique en voie de transformation dans le Territoire.

V

Le but principal de ma lettre est de faire toucher du doigt l'effet regrettable des influences parlementaires sur l'action administrative; or j'y arrive dans l'instant.

Il existait à Belfort un conseiller de préfecture qui s'était compromis en la même qualité dans un département voisin, pendant le 16 mai. Ce fonctionnaire désirant sans doute se faire pardonner son passé, avait mis son savoir-faire administratif au service de certains comités républicains, et il devint bientôt l'inspirateur des réunions électorales de M. Fréry, se trouvant ainsi en opposition formelle avec son supérieur hiérarchique, mon prédécesseur.

J'ignore si ce fut pour récompenser cet antagonisme incorrect; mais on me donna ce conseiller pour secrétaire général. A partir de ce moment, l'hôtel de l'administration devint le siège d'une lutte sourde entre mon prétendu subordonné et moi-même, pour la direction à imprimer à l'action administrative. Je voulais une politique de conciliation entre les deux fractions du parti républicain; mais mon Secrétaire général préférait la lutte intestine, parce que cette politique convenait mieux à M. le député Fréry dont il attendait fortune.

Imagine un peu l'étrange situation dans laquelle je me trouvais. Je ne pouvais pas traiter mon Secrétaire général comme un subordonné ordinaire. Ami de M. Fréry, c'était évidemment contre ce dernier que je me tournais, si je m'avisais de parler en maître. Je résolus de m'adresser à l'esprit politique du député lui-même. Dès le 21 février 1882, c'est-à-dire trois mois après mon arrivée, j'adressais à M. Fréry une longue lettre dont je ne veux détacher ici que l'extrait suivant.

. . . . . Un Secrétaire Général qui semble se soucier bien moins d'administration que de réunir dans sa main tous les fils d'un comité électoral perpétuel. C'est ce dernier point surtout qui constitue la difficulté, et vous l'avez bien compris ; car lorsque vous m'avez présenté M. Julliard, vous avez eu soin, je me le rappelle fort bien, de me dire qu'il ne songerait pas à empiéter sur mes attributions. C'était là en effet l'écueil, et il y est tombé. Le cabinet de M. Julliard est le véritable parloir préfectoral. De son fauteuil il veut mener la campagne et la ville, etc..... Je demande qu'il se restreigne à son rôle de Secrétaire général. J'ai compté sur vous pour le lui faire entendre, au cas où vous penseriez comme moi, que nous devons nous borner à l'action administrative pure, et que c'est trop entreprendre de vouloir mener de front la préfecture, la municipalité et les affaires électorales du dehors.

Dans le cas, au contraire, où vous penseriez que la politique de M. Julliard est préférable, comme je refuse absolument de m'y associer, je ne verrais d'autre issue à ce conflit que mon départ. J'y suis résolu dès maintenant, si je n'ai pas votre approbation; attendu que je ne veux pas être responsable d'agissements que je blâme. Il va sans dire que si vous ne répondez pas, j'interpréterai votre silence comme l'indice d'un dissentiment.

Cet avertissement ne changea absolument rien à la situation. Je crus devoir alors informer le ministre de l'étrangeté de ma situation, et y demander remède. Mes communications à ce sujet datent des 22 mars, 8 août, 29 août, 6 septembre 1882; elles n'obtinrent jamais la moindre réponse. Évidemment le ministère n'était pas en situation de protéger son représentant officiel contre une influence parlementaire contraire.

Pendant ce temps mes bureaux subissaient les déplorables effets de cette double impulsion en sens contraire. Un jour je reçus la lettre de démission d'un grand industriel du Territoire, M. Louis Boigeol, maire de Giromagny, qui se plaignait avec raison, qu'un secours sollicité par lui, fût parvenu au bénéficiaire, avec la mention : de la part de M. X***. Or la personne ainsi désignée, était notoirement hostile au maire ; mais elle était favorisée par ceux qui s'étudiaient ainsi à paralyser mon action. La lettre de démission est déposée aujourd'hui au ministère, et M. Louis Boigeol pourrait au besoin témoigner de son contenu. Au point de vue républicain, le résultat de toute cette intrigue, fut que M. Louis Boigeol, esprit libéral et modéré, se trouve aujourd'hui remplacé par un maire réactionnaire.

En même temps les membres de certains corps délibérants, profitant de ce désarroi, allaient disant partout qu'il leur fallait M. Julliard comme Administrateur, et prenaient vis-à-vis de moi une attitude des plus impérieuses. Tu en jugeras par l'échantillon que voici :

Monsieur le Préfet,

Je vous envoie la demande de la veuve X..., dont le mari est décédé il y a quelques mois, instituteur à Z... Vous voudrez bien l'appuyer (!).

Recevez, etc.....

Ce curieux document n'est pas isolé, et j'ai reçu les plaintes de tel chef de service que je pourrais nommer, auquel des intérêts électoraux divers faisaient écrire sur le même ton, et donnaient des ordres absolument comme s'ils disposaient du pouvoir exécutif.

VI

D'attitude correcte en public, je ne dissimulais pas, dans mes conversations intimes, le mécontentement que me causaient tous ces em-

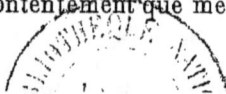

piétements sur la prérogative du pouvoir exécutif. Aussi je déplaisais fort. Un grief capital contre moi, venait de ce que j'avais l'audace de recevoir dans mon cabinet un journaliste, républicain il est vrai, mais qui avait le tort d'appartenir à la famille alsacienne, et à ce titre, de critiquer souvent la politique du député local. En temps ordinaire j'aurais fait observer à ce journaliste que la fréquence de ses visites pouvait me compromettre. Mais on avait manqué de tact à ce point, de me jeter ce grief à la face, dans un repas auquel assistaient plusieurs républicains, et j'avais cru de mon devoir et de ma dignité de protester contre l'intolérance dont on avait fait preuve en cette circonstance.

Du reste, j'avais pris soin d'avertir tous les journalistes républicains, qu'ils pouvaient se présenter dans mon cabinet ensemble ou séparément. Bien entendu, les rédacteurs de la feuille favorable à M. Fréry n'avaient point été exclus de cette faveur. Pourquoi n'ont-ils pas cru devoir user de la permission? J'ai toujours pensé que les véritables directeurs de cette feuille, ne se souciaient guère que leurs écrivains entendissent parler fréquemment de cette politique de conciliation dont on ne voulait pas en certain lieu.

Je crois d'ailleurs t'avoir fait le confident de mes ennuis à cet égard. Tu sais qu'on me reprochait aussi d'avoir invité ce même journaliste à un bal de la Préfecture, en même temps que quelques parentes du député. Pourquoi l'aurais-je exclu, puisque j'invitais ses confrères républicains, et que j'annonçais partout l'intention de faire, des salons de la Préfecture, un terrain absolument neutre?

Je crois t'avoir dit également que lorsqu'il m'arrivait de recevoir une personne suspecte à l'entourage de M. Fréry, cette visite lui était signalée aussitôt à Paris. Nous passerons, si tu veux, les détails répugnants de cette diplomatie d'arrière-boutique. Je ne les cite que pour mémoire, et pour te faire toucher du doigt l'état d'asservissement auquel on me voulait réduire.

VII

Je réussis à vivre ainsi quatorze mois, ayant pour principal objectif de sauvegarder en ma personne la dignité de l'administration. On trouva sans doute, alors, que je ne mûrissais pas assez vite au gré de certaines convoitises; et l'on résolut de m'aider à finir plus promptement. Un certain jour, le *Journal de Belfort*, feuille ultramontaine, publia une lettre très injurieuse pour moi, et signée par un ex-commissaire de police, déplacé à la suite de notes semestrielles que j'avais dû lui donner. Ce fonctionnaire avait mieux aimé se démettre que d'accepter une équivalence; mais il se plaignait en termes outrageants pour moi et m'accusait d'avoir brisé sa carrière.

Mettons de côté les invectives de cet ex-fonctionnaire, auquel j'avais précisément à reprocher un défaut de subordination. Le point intéressant dans cette note atrabilaire, c'est qu'elle faisait connaître, au public et à moi-même, une lettre ministérielle par laquelle les bureaux faisaient savoir à M. le député Fréry, que l'ex-commissaire de police avait été déplacé sur ma demande.

Pour l'intelligence de la chose, il faut savoir que la municipalité qui procède de M. Fréry tenait beaucoup à ce commissaire exclusivement à sa dévotion. M. le maire de Belfort, amateur de petits coups d'État, voulait-il fermer d'autorité une chapelle officiellement ouverte au culte, le commissaire me laissait le soin d'en apprendre la nouvelle par les journaux! Ce brave homme s'était dit, sans doute, qu'étant au mieux avec le maire, lequel avait l'oreille du député, il était inutile de se préoccuper autrement du préfet.

Tu le vois, mon cher ami, de quelque côté qu'on se tourne ici, on retrouve toujours l'éternelle lutte du pouvoir exécutif et du pouvoir parlementaire.

Voici la lettre ministérielle dont je viens de parler:

Paris, le 1er février 1883.

MONSIEUR FRÉRY, DÉPUTÉ,

Vous avez bien voulu appeler mon attention sur M. X..., ancien commissaire de police à Belfort, nommé en la même qualité à Tarare, qui proteste contre le changement de résidence dont il a été l'objet. J'ai l'honneur de vous informer que M. l'Administrateur de Belfort ayant demandé à plusieurs reprises, dans l'intérêt du service, que M. X... fût déplacé, ce dernier fut envoyé à Tarare, poste peu éloigné de Belfort, d'une importance au moins égale. M. X... ne crut pas devoir se rendre à sa nouvelle résidence et m'adressa sa démission, qui fut acceptée. Il ne doit donc s'en prendre qu'à lui, s'il ne fait plus partie du personnel.

Agréez, Monsieur, etc.....

On admettra, à la rigueur, que l'ex-commissaire a pu connaître l'existence de cette lettre par une indiscrétion. Mais pour qu'il ait été à même d'en reproduire le texte intégral, il faut que ce document lui ait été communiqué par les amis du député. Et s'il y avait accord entre ces messieurs qui se disent républicains, on se demande pour quelle raison ils ont cru devoir recourir à la publicité d'une feuille ultramontaine pour attaquer le préfet, alors que dans leur propre journal, ils publiaient un fort bel article sur la subordination hiérarchique, article où l'on blâmait fort l'ex-commissaire de ses audaces de langage.

Mais ce qu'il importe d'établir, c'est qu'à partir de cette attaque, le conflit existant entre M. le Secrétaire général et moi, qui n'était connu que de quelques personnes, devint public. Une partie de la presse locale raconta, avec plus ou moins de détails, que M. Julliard ambitionnant mon poste, avait voulu hâter l'ouverture de ma succession. Que veux-tu, mon cher ami ! c'était l'élément alsacien qui se vengeait de l'opposition que M. Julliard, personnage officiel, lui avait toujours faite dans les conseils électoraux du pays où il n'avait que faire.

Si tu vas en effet à Belfort, tu trouveras que les haines y sont plus vives entre Alsaciens et indigènes coreligionnaires politiques, qu'entre républicains et monarchistes ! Mon rôle était-il donc d'attiser ces haines contre tout bon sens, et au mépris des instructions formelles de M. le ministre Fallières ?

Quoi qu'il en soit, la politique d'atermoiement n'était évidemment plus de circonstance après cet éclat; et j'écrivis aussitôt à M. le député Fréry, pour tenter un dernier effort :

Belfort, le 17 février 1883.

MON CHER DÉPUTÉ,

Le moment est venu, je crois, de m'expliquer catégoriquement avec vous. Dans ma dernière missive, j'ai appelé votre attention sur la lettre injurieuse qui m'a été adressée par M. X..., ancien commissaire de police, votre protégé, celui du Conseil municipal, lettre qui a été publiée dans le *Journal de Belfort*.

Mettons de côté M. X... et ses injures; je me charge des explications auprès de M. le Ministre, quand je serai mis en cause par mes supérieurs. Mais je considère cet incident comme le premier épisode public de la lutte sourde qui existe entre certains de vos amis et moi, parce que je ne veux pas permettre que l'administration soit, entre les mains de quelques privilégiés, une massue pour assommer des rivaux en influence.

Remontons de quelques mois en arrière. Lorsque M. Julliard fut nommé Secrétaire général, vous me le présentâtes, en me disant que votre ami personnel ne serait jamais un obstacle à mon action administrative. Je vous l'ai déjà fait observer :

vous pressentiez ainsi la nature du conflit qui devait s'élever plus tard entre nous.

Quelques mois après, je me voyais contraint de vous écrire, pour vous signaler les empiétements de M. Julliard sur mes attributions, et le sans-gêne avec lequel il se substituait à moi, dans la direction politique à imprimer à l'administration. Je vous demandais d'intervenir auprès de M. Julliard, en même temps je le mandais dans mon cabinet, et je lui notifiais poliment, mais avec fermeté, que j'entendais qu'il restât simple Secrétaire général.

M. Julliard n'a tenu aucun compte de mes observations. Il a continué de se mêler à toutes les intrigues locales, prenant couleur même dans les élections consulaires; et lorsque cette intervention perpétuelle vint à lui attirer les attaques de la presse, vous me demandâtes de vouloir bien intervenir en sa faveur. Je vous répondis que je m'en garderais, attendu que la plupart des griefs qui lui étaient faits se trouvaient fondés.

M. Julliard vient de mettre le comble à son sans-gêne, en engageant mon administration dans une candidature officielle à Giromagny, et en faisant entendre à douze maires réunis chez le candidat, le jour du tirage au sort, que la préfecture verrait avec plaisir que l'on votât et fît voter pour M. Z... [1].

En même temps M. Julliard rédige votre journal, où il s'ingénie à perpétuer la lutte entre les républicains, bien qu'à plusieurs reprises j'aie manifesté, tant en public qu'en particulier, le très ferme désir de faire de la politique de conciliation.

J'ai patienté jusqu'à ce jour. Mais vos amis me font attaquer aujourd'hui par l'ancien commissaire de police, qui, à en juger par les rapports que j'ai entre les mains, est parfaitement incapable de rédiger à lui seul l'épître dont il a gratifié le *Journal de Belfort*.

Je vous adresse un dernier appel : Aidez-moi à apaiser le conflit qui se prépare depuis quinze mois, et s'ouvre en ce moment. Il existe un terrain tout préparé pour la transaction. Résolu à ne point adopter la politique de divisions et de discordes pratiquée par vos amis, je ne demande qu'à m'en aller. Je fais si peu de ceci une affaire de spéculation, qu'un instant j'ai demandé au Ministre de me déplacer, même avec diminution de situation, pourvu qu'on me donne un poste modeste à Paris. Cet appel sera le dernier; s'il reste sans écho, je ne prendrai plus conseil que de moi-même, car je crois avoir assez fait pour la conciliation.

Recevez, mon cher député, l'assurance de mes sentiments les plus distingués.

J. GROS.

VIII

La lettre qui précède étant demeurée sans réponse, j'en conclus naturellement que ce n'était point ma politique qui avait l'appro-

[1]. Il s'agissait d'une candidature au prochain renouvellement des conseils généraux.

bation de M. le député Fréry. Je demandai en conséquence le changement de M. Julliard ou le mien au nouveau Ministre de l'intérieur, M. Waldeck-Rousseau. Quelques jours plus tard, un décret inséré à l'*Officiel* révoquait mon Secrétaire général et m'appelait moi-même à d'autres fonctions.

Partisan de la plus grande somme de liberté pour les citoyens, je tiens en revanche pour la subordination absolue des fonctionnaires. Ce n'est donc pas moi qui formulerai la moindre critique contre cette décision du Ministre. Tout au plus me hasarderai-je à dire que j'aurais aimé être entendu en même temps que mon Secrétaire général, ainsi que j'en avais formulé le désir.

Mais puisque je retrouve la liberté qui est le patrimoine de tout citoyen, je peux bien prendre la respectueuse licence de rechercher quelles peuvent être ces « considérations politiques » dont M. le chef du cabinet, directeur du personnel, voulut bien me dire un mot, lorsque deux jours après le verdict de l'*Officiel*, on me fit appeler dans le cabinet du Ministre. A cet égard, je ne crois pas qu'il y ait la moindre illusion à se faire. M. le Ministre de l'intérieur, amené à sévir durement contre l'*alter ego* du député, aura voulu donner du moins une satisfaction à ce dernier. C'est pour ce motif, sans doute, qu'on a découvert subitement en moi, pour les finances, des aptitudes que j'étais loin de me soupçonner.

IX

Et maintenant, concluons; car, encore une fois, je n'ai pas écrit tout ceci pour le simple plaisir de récriminer. Tu vas voir que mon objectif est beaucoup plus élevé. Le talent de M. le Ministre de l'intérieur est incontestable, et l'on ne saurait, sans lui faire injure, mettre en doute ses intentions. Or M. Waldeck-Rousseau, lors de son premier passage au ministère, s'est posé en champion du pouvoir exécutif contre les empiétements du parlementarisme. De mon côté, en me démettant précédemment de mes fonctions, parce que, suivant l'expression de l'honorable M. Fallières lui-même, *je ne me croyais plus suffisamment assuré du concours de l'administration supérieure*, je pense avoir suffisamment démontré que je suis, moi aussi, un partisan convaincu de l'indépendance de l'administration.

Eh bien ! la question que je pose est celle-ci :

Quelle pression l'état politique actuel exerce-t-il donc sur un ministre, pour qu'un homme éminent et courageux comme M. Waldeck-Rousseau soit contraint de frapper ainsi sur un soldat de ses propres troupes ?

Tu vois, mon cher ami, que les questions de personnes se réduisent à bien peu de chose dans mon aventure. Je ne m'insurge pas ; j'use d'un droit qui appartient à tous, et que la Chambre elle-même a consacré, lorsqu'elle a accepté la discussion sur les mérites comparés du scrutin de liste et du scrutin d'arrondissement.

Au surplus, je me propose de confier au papier les souvenirs de ma courte carrière administrative. Personne ne me démentira dans la région, quand je dirai que j'ai vécu, en quelque sorte, les difficultés par lesquelles je viens de passer. Ces souvenirs seront donc aussi intéressants que bien d'autres productions, car on y retrouvera, pris sur le vif et avec les portraits en regard, de très curieux échantillons de nos mœurs publiques du jour.

De même que sous la Restauration, fonctionnaires et simples particuliers étaient contraints de s'incliner devant ce gouvernement occulte que l'on nommait la Congrégation, je montrerai que, sous la République d'arrondissement dont nous jouissons, l'influence parlementaire venant à la fois de droite et de gauche, paralyse absolument l'action administrative. C'est ce que je demande la permission d'appeler : « le Système », pour caractériser d'un mot cet ensemble d'actions contradictoires, devant lesquelles le pauvre fonctionnaire demeure éperdu, s'il est timide, et se raidit vainement, s'il se sent quelque courage.

Tu verras le « Système » s'alliant aux tendances réactionnaires des bureaux, pour s'opposer à ce que le Préfet frappe des fonctionnaires délinquants, ou des maires à l'état de révolte plus ou moins ouverte. Je te le montrerai, amenant le Ministre, par l'intermédiaire des mêmes bureaux, à violer ses propres règlements sans le savoir, et s'efforçant de faire porter au Préfet la responsabilité de cette violation. Tu pourras toucher du doigt les ministres se désavouant entre eux ou, mieux encore, se désavouant eux-mêmes à quelques jours de date, par les mêmes influences et toujours sur le dos du Préfet.

Après cela, tu diras comme moi, que cette fameuse loi de Pluviôse et toutes celles qui, à sa suite, ont organisé cette centralisation à laquelle nous devons le couronnement de l'unité française par la Révolution, tu diras qu'elles ont vécu, et qu'il est grand temps de mettre enfin nos institutions administratives en harmonie avec nos mœurs politiques, sauf bien entendu à nous repentir ensuite.

X

Mais tu veux que je me résume pour l'instant. La chose est facile.

On te sait gré généralement dans le pays du soin avec lequel tu as su jusqu'ici te tenir en dehors des coteries et des Églises parlementaires. Tu es donc dans d'excellentes conditions pour m'ouvrir un avis impartial.

Désavoué si je résiste à l'action du sénateur monarchiste ; appelé à d'autres fonctions quand je déplais au député républicain ; doublé enfin par un Secrétaire général qui n'est pas pour la politique de conciliation, alors que ce pauvre programme n'a pour lui que la volonté formelle du Ministre, le bon sens et ma propre conscience, tu serais bien aimable de me dire auquel, de ces trois personnages, j'aurais dû obéir étant le maître, pour mériter les suffrages du « Système ».

Cordialement à toi,

J. GROS,

Ancien Administrateur du territoire de Belfort.

www.ingramcontent.com/pod-product-compliance
Lightning Source LLC
Chambersburg PA
CBHW060719280326
41933CB00012B/2489